Impressum
Verlag: BABADADA GmbH, Nedderfeld 112 , 22529 Hamburg
Geschäftsführer / Verlagsleitung: Harald Hof
Druck: Books on Demand GmbH, In de Tarpen 42, 22848 Norderstedt

Imprint
Publisher: BABADADA GmbH, Nedderfeld 112 , 22529 Hamburg, Germany
Managing Director / Publishing direction: Harald Hof
Print: Books on Demand GmbH, In de Tarpen 42, 22848 Norderstedt

school

5ch00l

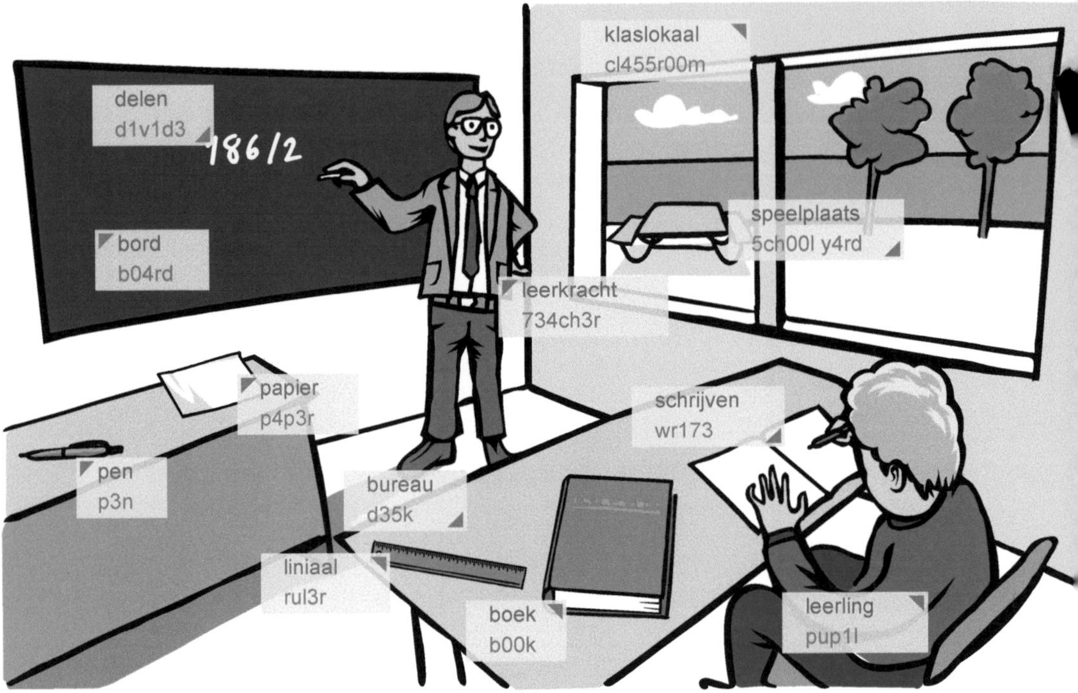
klaslokaal
cl455r00m
delen
d1v1d3
186/2
bord
b04rd
speelplaats
5ch00l y4rd
leerkracht
734ch3r
papier
p4p3r
schrijven
wr173
pen
p3n
bureau
d35k
liniaal
rul3r
boek
b00k
leerling
pup1l

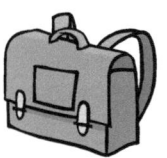

schooltas

547ch3l

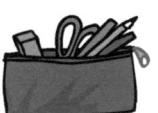

pennenzak

p3nc1l c453

potlood

p3nc1l

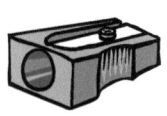

puntenslijper

p3nc1l 5h4rp3n3r

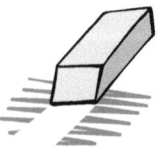

gom

rubb3r

tekenblok

dr4w1n6 p4d

tekening

dr4w1n6

verfborstel

p41n7bru5h

verfdoos

p41n7 b0x

schaar

5c1550r5

lijm

6lu3

werkboek

3x3rc153 b00k

huiswerk

h0m3w0rk

nummer

numb3r

optellen

4dd

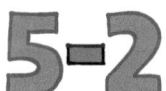

aftrekken

5ub7r4c7

vermenigvuldigen

mul71ply

rekenen

c4lcul473

letter

l3773r

alfabet

4lph4b37

woord

w0rd

tekst

73x7

Lezen

r34d

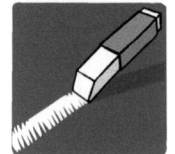

krijt

ch4lk

les

l3550n

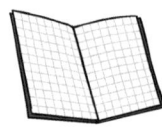

klassenboek

r361573r

examen

3x4m1n4710n

certificaat

c3r71f1c473

schooluniform

5ch00l un1f0rm

onderwijs

3duc4710n

encyclopedie

3ncycl0p3d14

universiteit

un1v3r517y

microscoop

m1cr05c0p3

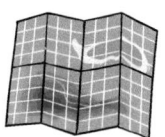

kaart

m4p

papiermand

w4573-p4p3r b45k37

reis
7r4v3l

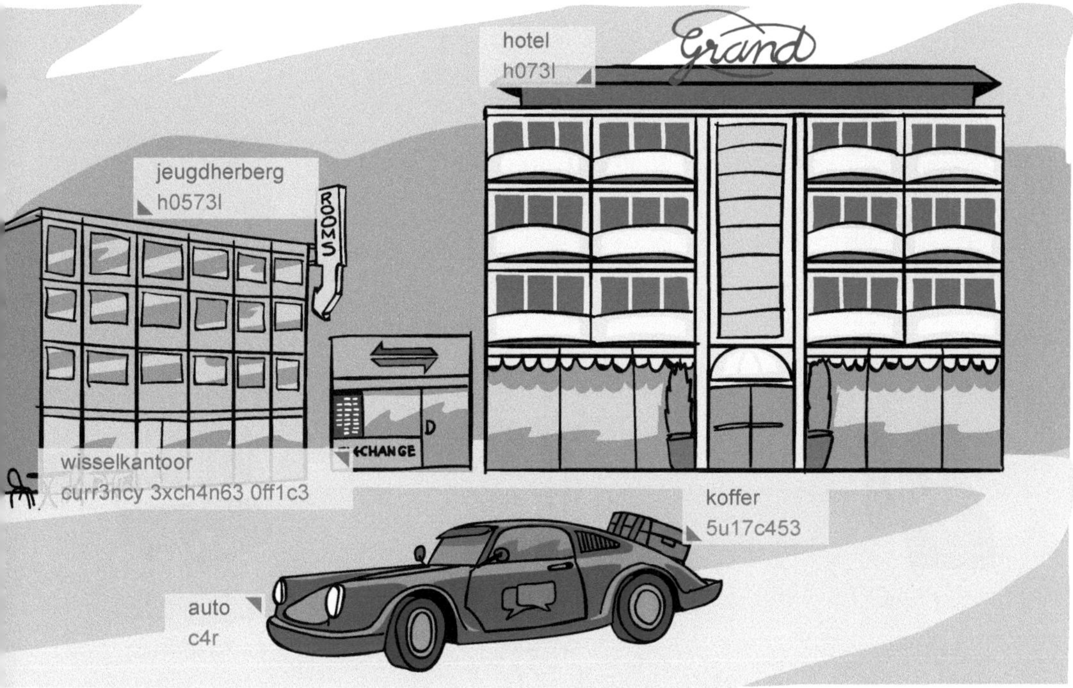

hotel
h073l
Grand
jeugdherberg
h0573l
ROOMS
wisselkantoor
curr3ncy 3xch4n63 0ff1c3
koffer
5u17c453
auto
c4r

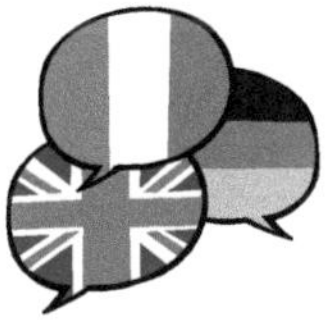

Taal

l4n6u463

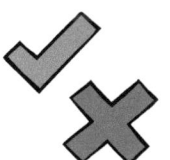

ja / nee

y35 / n0

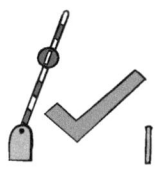

oké

0k4y

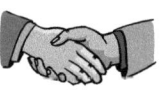

hallo

h3ll0

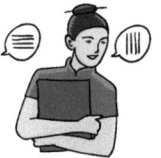

vertaler

7r4n5l470r

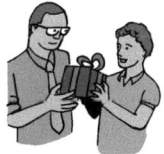

bedankt

7h4nk y0u

Hoeveel kost …?

h0w much 15

Ik begrijp het niet

1 d0 n07 und3r574nd

probleem

pr0bl3m

Goedenavond!

600d 3v3n1n6!

Goedemorgen!

600d m0rn1n6!

Goedenavond!

600d n16h7!

Tot ziens

600dby3

richting

d1r3c710n

bagage

lu66463

zak

b46

rugzak

b4ckp4ck

gast

6u357

kamer

r00m

slaapzak

5l33p1n6 b46

tent

73n7

toeristeninformatie

70ur157 1nf0rm4710n

strand

b34ch

kredietkaart

cr3d17 c4rd

ontbijt

br34kf457

lunch

lunch

avondeten

d1nn3r

ticket

71ck37

lift

3l3v470r

postzegel

574mp

grens

b0rd3r

douane

cu570m5

ambassade

3mb455y

visum

v154

paspoort

p455p0r7

transport
7r4n5p0r7

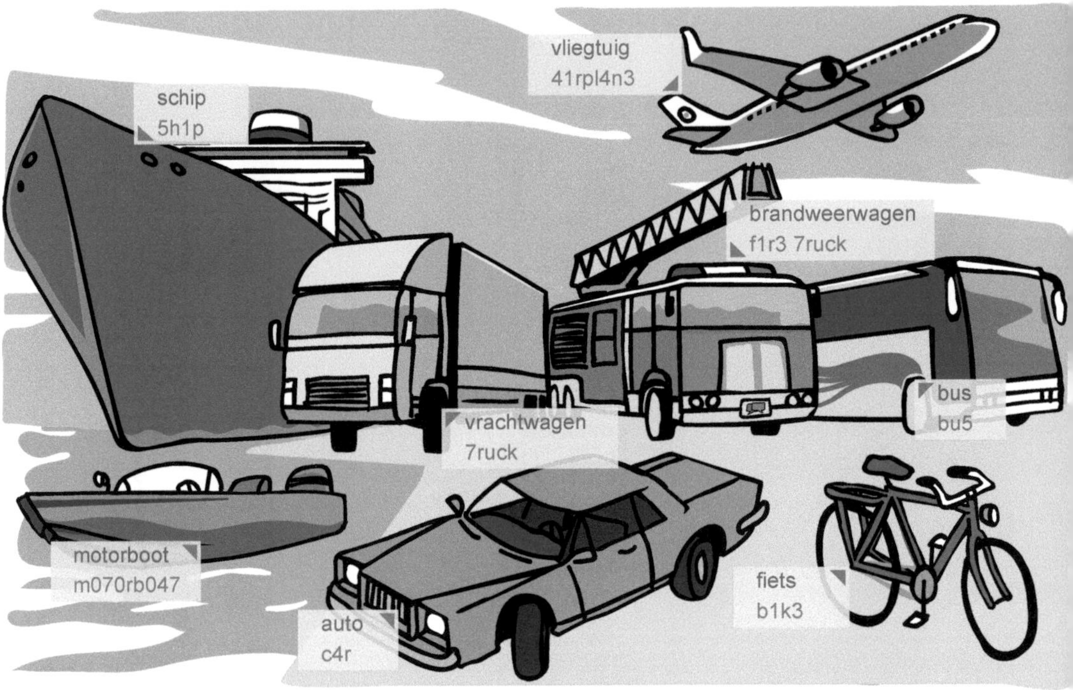

vliegtuig
41rpl4n3
schip
5h1p
brandweerwagen
f1r3 7ruck
bus
bu5
vrachtwagen
7ruck
motorboot
m070rb047
fiets
b1k3
auto
c4r

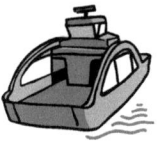

veerboot

f3rry

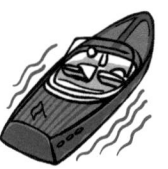

boot

b047

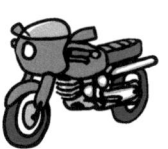

motor

m070rb1k3

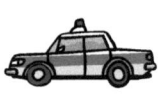

politiewagen

p0l1c3 c4r

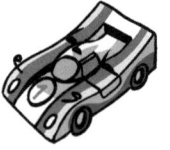

racewagen

r4c1n6 c4r

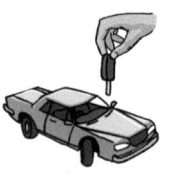

huurauto

r3n74l c4r

carpoolen

c4r 5h4r1n6

sleepwagen

70w 7ruck

vuilniswagen

64rb463 7ruck

motor

3n61n3

benzine

fu3l

benzinestation

fu3l 574710n

verkeersbord

7r4ff1c 516n

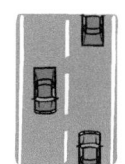

verkeer

7r4ff1c

file

7r4ff1c j4m

parkeerplaats

p4rk1n6 l07

station

7r41n 574710n

sporen

7r4ck5

trein

7r41n

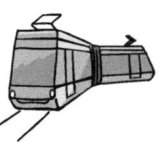

tram

7r4m

wagon

w460n

helikopter

h3l1c0p73r

luchthaven

41rp0r7

toren

70w3r

passagier

p4553n63r

container

c0n741n3r

karton

c4r70n

kar

c4r7

mand

b45k37

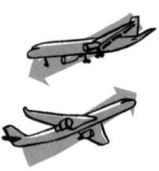

opstijgen / landen

74k3 0ff / l4nd

stad

c17y

dorp

v1ll463

stadscentrum

c17y c3n73r

huis

h0u53

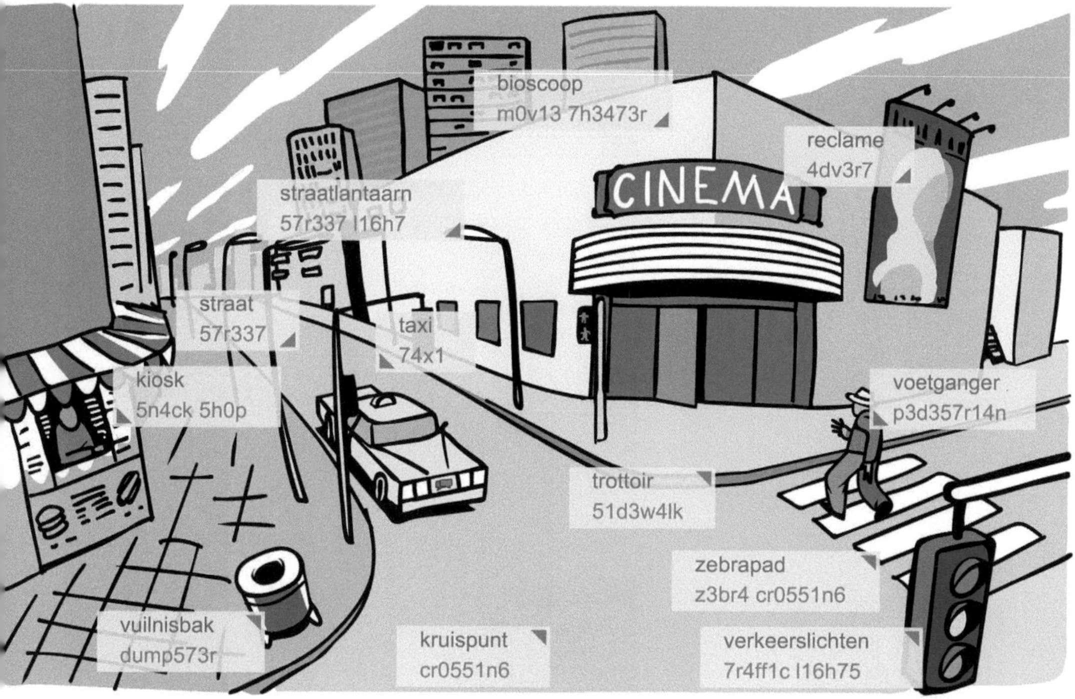

bioscoop
m0v13 7h3473r

reclame
4dv3r7

straatlantaarn
57r337 l16h7

CINEMA

straat
57r337

taxi
74x1

kiosk
5n4ck 5h0p

voetganger
p3d357r14n

trottoir
51d3w4lk

zebrapad
z3br4 cr0551n6

vuilnisbak
dump573r

kruispunt
cr0551n6

verkeerslichten
7r4ff1c l16h75

hut
....
hu7

woning
....
4p4r7m3n7

station
....
7r41n 574710n

stadshuis
....
c17y h4ll

museum
....
mu53um

school
....
5ch00l

universiteit

un1v3r517y

bank

b4nk

ziekenhuis

h05p174l

hotel

h073l

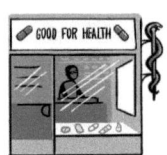

apotheek

ph4rm4cy

kantoor

0ff1c3

boekwinkel

b00k 5h0p

winkel

5h0p

bloemenwinkel

fl0w3r 5h0p

supermarkt

5up3rm4rk37

markt

m4rk37

warenhuis

d3p4r7m3n7 570r3

vishandelaar

f15hm0n63r'5 5h0p

winkelcentrum

m4ll

haven

h4rb0r

park

p4rk

bank

b3nch

brug

br1d63

trap

5741r5

metro

5ubw4y

tunnel

7unn3l

bushalte

bu5 570p

bar

b4r

restaurant

r3574ur4n7

brievenbus

p057b0x

straatnaambord

57r337 516n

parkeermeter

p4rk1n6 m373r

zoo

z00

zwembad

5w1mm1n6 p00l

moskee

m05qu3

boerderij

f4rm

milieuverontreiniging

p0llu710n

kerkhof

c3m373ry

kerk

church

speelplaats

pl4y6r0und

tempel

73mpl3

landschap

l4nd5c4p3

blad
l34f

wegwijzer
516np057

weg
p47h

weide
m34d0w

wandelaar
h1k3r

steen
570n3

boom
7r33

rivier
r1v3r

gras
6r455

bloem
fl0w3r

vallei

v4ll3y

heuvel

h1ll

meer

l4k3

bos

f0r357

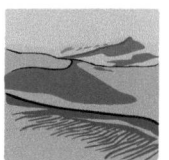

woestijn

d353r7

vulkaan

v0lc4n0

kasteel

c457l3

regenboog

r41nb0w

paddenstoel

mu5hr00m

palmboom

p4lm 7r33

mug

m05qu170

vlieg

fly

mier

4n7

bijl

b33

spin

5p1d3r

kever

b337l3

kikker

fr06

eekhoorn

5qu1rr3l

egel

h3d63h06

haas

h4r3

uil

0wl

vogel

b1rd

zwaan

5w4n

wild zwijn

b04r

hert

d33r

eland

m0053

dam

d4m

windturbine

w1nd 7urb1n3

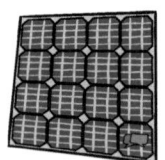

zonnepaneel

50l4r p4n3l

klimaat

cl1m473

restaurant
r3574ur4n7

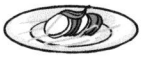

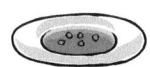

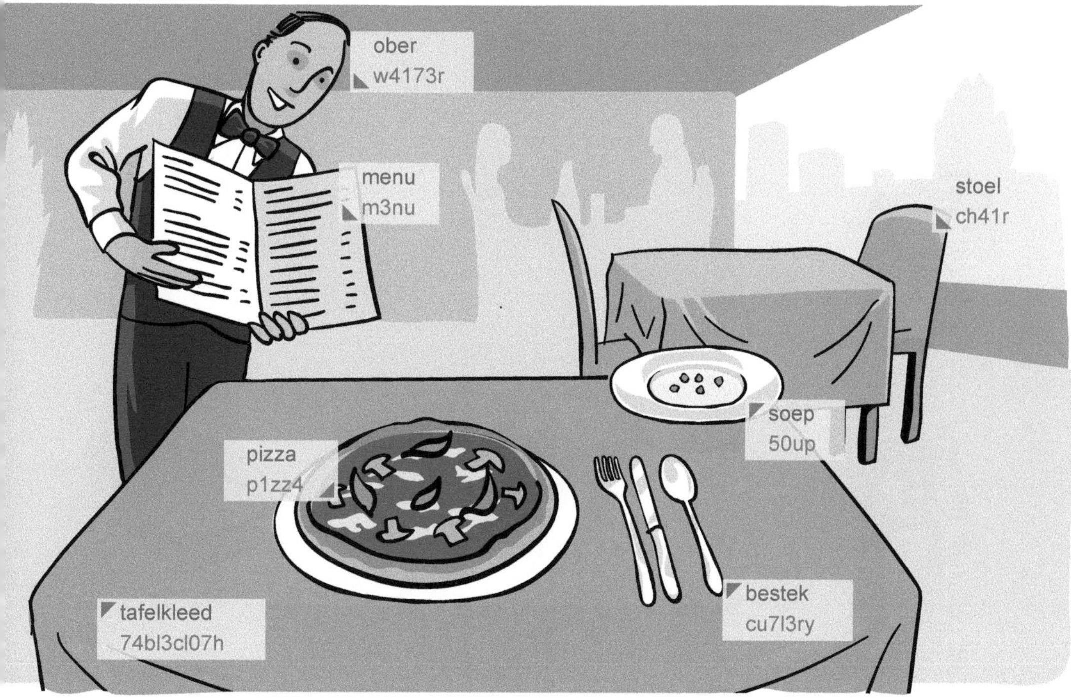
ober
w4173r
menu
m3nu
stoel
ch41r
soep
50up
pizza
p1zz4
tafelkleed
74bl3cl07h
bestek
cu7l3ry

voorgerecht

574r73r

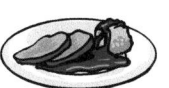

hoofdgerecht

m41n c0ur53

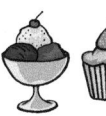

nagerecht

d3553r7

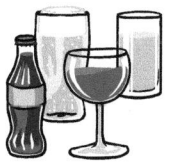

drankjes

dr1nk5

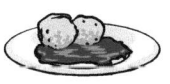

eten

f00d

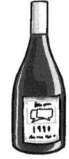

fles

b077l3

fastfood

f457 f00d

street food

57r337 f00d

theepot

734p07

suikerpot

5u64r b0wl

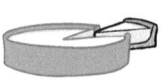

portie

p0r710n

espressomachine

35pr3550 m4ch1n3

kinderstoel

h16h ch41r

rekening

b1ll

dienblad

7r4y

mes

kn1f3

vork

f0rk

lepel

5p00n

theelepel

7345p00n

serviette

53rv13773

glas

6l455

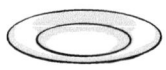

bord

pl473

soepbord

50up pl473

schoteltje

54uc3r

saus

54uc3

zoutvatje

54l7 5h4k3r

pepermolen

p3pp3r m1ll

azijn

v1n364r

olie

01l

kruiden

5p1c35

ketchup

k37chup

mosterd

mu574rd

mayonaise

m4y0nn4153

supermarkt
5up3rm4rk37

aanbieding
5p3c14l 0ff3r
FOR
klant
cu570m3r
zuivelproducten
d41ry pr0duc75
fruit
fru17
winkelwagen
5h0pp1n6 c4r7

BUTCHERS

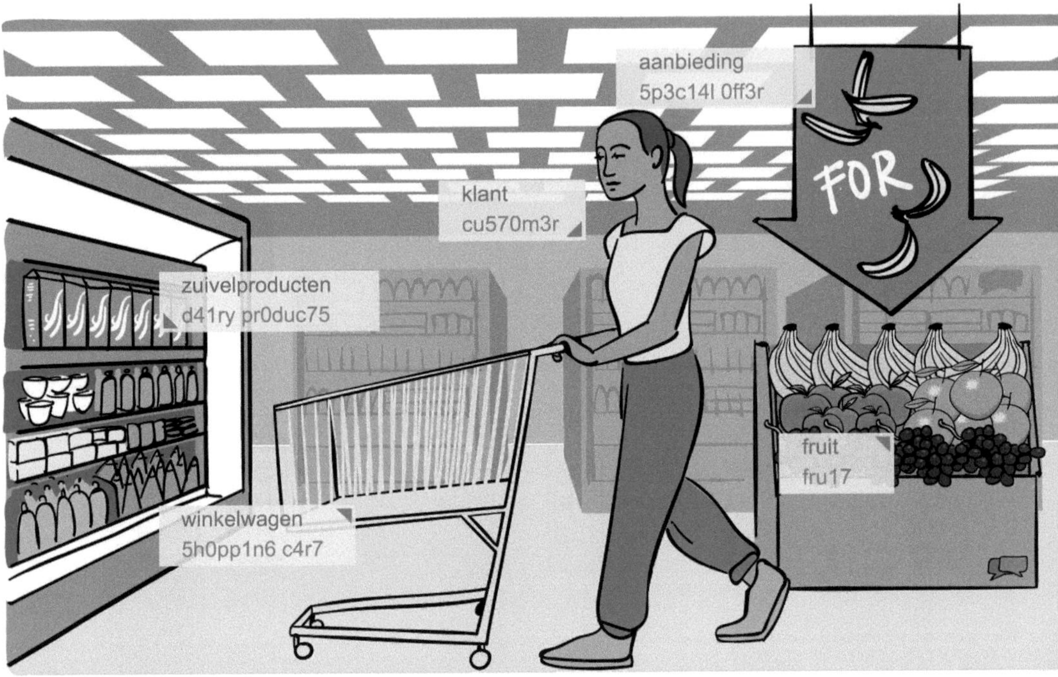

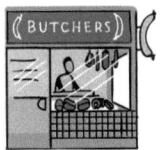

slagerij

bu7ch3r'5 5h0p

BAKERY

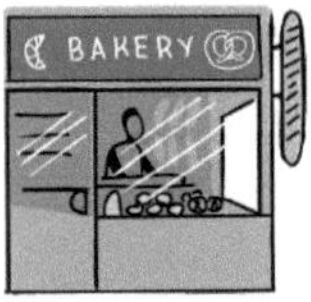

bakkerij

b4k3ry

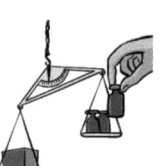

wegen

w316h

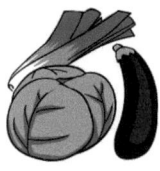

groenten

v36374bl35

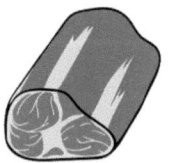

vlees

m347

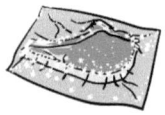

diepvriesvoedsel

fr0z3n f00d

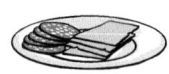

charcuterie

cOld cu75

conserven

c4nn3d fOOd

waspoeder

d373r63n7

snoep

c4ndy

huishoudproducten

hOu53hOld prOduc75

schoonmaakproducten

cl34n1n6 prOduc75

verkoopster

54l35 r3pr353n7471v3

kassa

c45h r361573r

kassier

c45h13r

boodschappenlijstje

5hOpp1n6 l157

openingstijden

Op3n1n6 hOur5

portefeuille

w4ll37

kredietkaart

cr3d17 c4rd

tas

b46

plastieken zakje

pl4571c b46

water

w473r

sap

ju1c3

melk

m1lk

cola

c0k3

wijn

w1n3

bier

b33r

alcohol

4lc0h0l

cacao

c0c04

thee

734

koffie

c0ff33

espresso

35pr3550

cappuccino

c4ppucc1n0

banaan

b4n4n4

appel

4ppl3

sinaasappel

0r4n63

meloen

m3l0n

citroen

l3m0n

wortel

c4rr07

knoflook

64rl1c

bamboe

b4mb00

ajuin

0n10n

champignon

mu5hr00m

noten

nu75

noodles

n00dl35

spaghetti

5p46h3771

rijst

r1c3

salade

54l4d

frieten

fr135

gebakken aardappelen

fr13d p0747035

pizza

p1zz4

hamburger

h4mbur63r

sandwich

54ndw1ch

kalfslapje

35c4l0p3

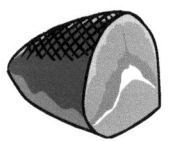

ham

h4m

salami

54l4m1

worst

54u5463

kip

ch1ck3n

braden

r0457

vis

f15h

havervlokken
p0rr1d63 0475

muesli
mu35l1

cornflakes
c0rnfl4k35

bloem
fl0ur

croissant
cr01554n7

pistolet
br34d r0ll

brood
br34d

toast
70457

koekjes
c00k135

boter
bu773r

kwark
curd

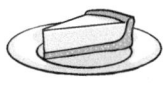

taart
c4k3

ei
366

spiegelei
fr13d 366

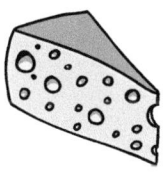

kaas
ch3353

ijs

1c3 cr34m

suiker

5u64r

honing

h0n3y

confituur

j3lly

choco

n0u647 cr34m

curry

curry

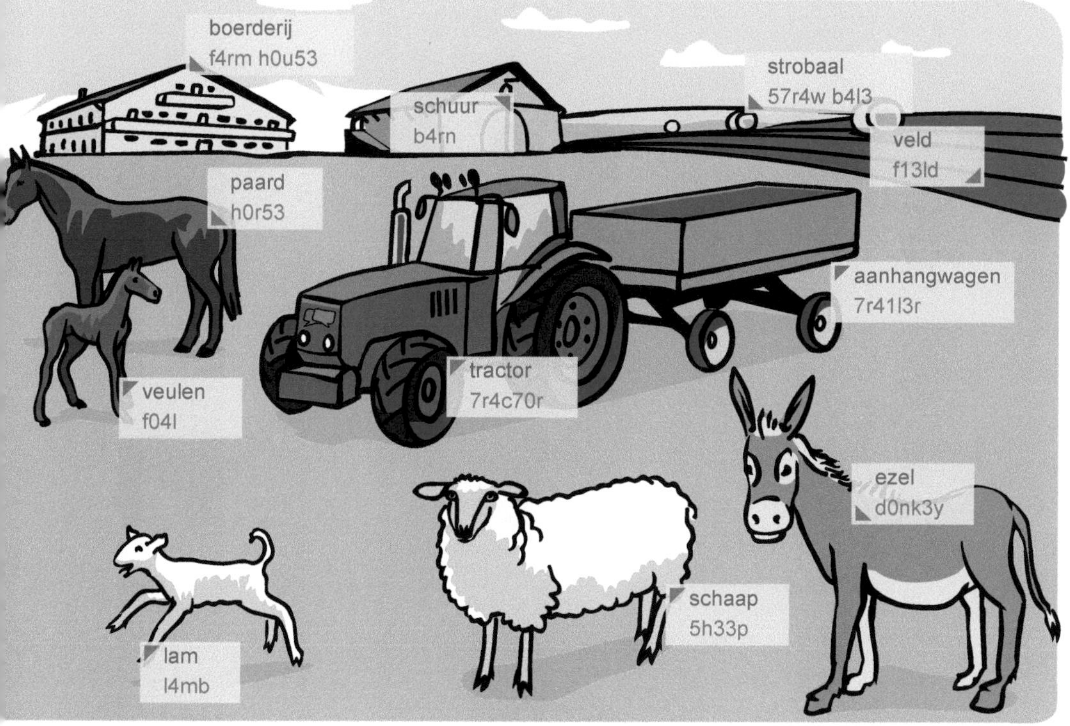

boerderij
f4rm h0u53

strobaal
57r4w b4l3

schuur
b4rn

veld
f13ld

paard
h0r53

aanhangwagen
7r41l3r

tractor
7r4c70r

veulen
f04l

ezel
d0nk3y

schaap
5h33p

lam
l4mb

geit
6047

koe
c0w

kalf
c4lf

varken
p16

biggetje
p16l37

stier
bull

gans

60053

eend

duck

kuiken

ch1ck

kip

h3n

haan

c0ck3r3l

rat

r47

kat

c47

muis

m0u53

os

0x

hond

d06

hondenhok

d06 h0u53

tuinslang

64rd3n h053

gieter

w473r1n6 c4n

zeis

5cy7h3

ploeg

pl0u6h

sikkel

51ckl3

schoffel

h03

hooivork

p17chf0rk

bijl

4x3

kruiwagen

pu5hc4r7

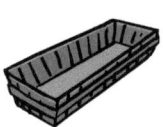

trog

7r0u6h

melkkan

m1lk c4n

zak

54ck

hek

f3nc3

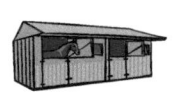

stal

574bl3

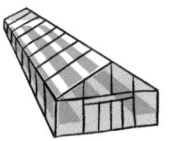

broeikas

6r33nh0u53

bodem

501l

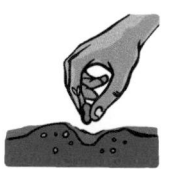

zaad

533d

mest

f3r71l1z3r

maaidorser

c0mb1n3 h4rv3573r

oogsten

h4rv357

oogst

h4rv357

yam

y4m5

tarwe

wh347

soja

50y4

aardappel

p07470

maïs

c0rn

koolzaad

r4p3533d

fruitboom

fru17 7r33

maniok

m4n10c

graan

6r41n

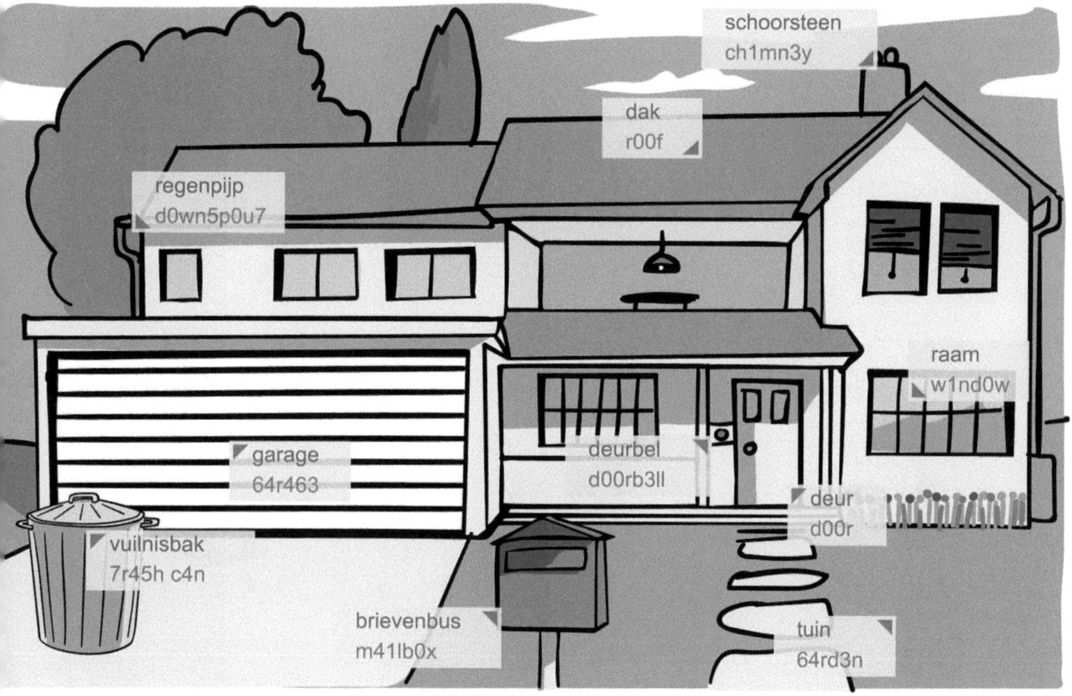

schoorsteen
ch1mn3y

dak
r00f

regenpijp
d0wn5p0u7

raam
w1nd0w

garage
64r463

deurbel
d00rb3ll

deur
d00r

vuilnisbak
7r45h c4n

brievenbus
m41lb0x

tuin
64rd3n

woonkamer

l1v1n6 r00m

badkamer

b47hr00m

keuken

k17ch3n

slaapkamer

b3dr00m

kinderkamer

ch1ld'5 r00m

eetkamer

d1n1n6 r00m

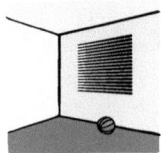

vloer

fl00r

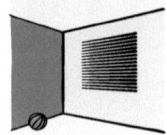

muur

w4ll

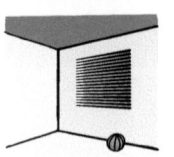

plafond

c31l1n6

kelder

c3ll4r

sauna

54un4

balkon

b4lc0ny

terras

73rr4c3

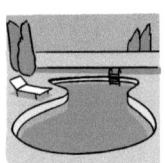

zwembad

p00l

grasmaaier

l4wn m0w3r

dekbedovertrek

5h337

dekbed

b3d5pr34d

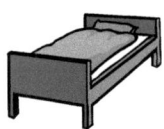

bed

b3d

bezem

br00m

emmer

buck37

schakelaar

5w17ch

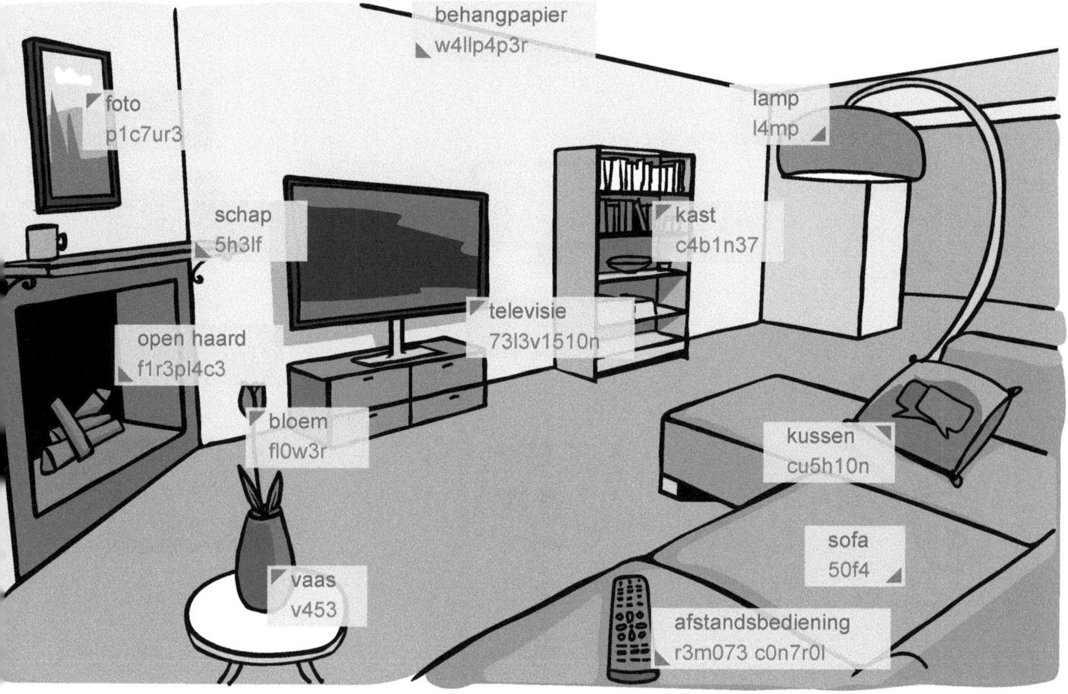

behangpapier
w4llp4p3r

foto
p1c7ur3

lamp
l4mp

schap
5h3lf

kast
c4b1n37

televisie
73l3v1510n

open haard
f1r3pl4c3

bloem
fl0w3r

kussen
cu5h10n

sofa
50f4

vaas
v453

afstandsbediening
r3m073 c0n7r0l

mat
c4rp37

gordijn
dr4p3

tafel
74bl3

stoel
ch41r

schommelstoel
r0ck1n6 ch41r

fauteuil
4rmch41r

boek

b00k

deken

bl4nk37

decoratie

d3c0r4710n

brandhout

f1r3w00d

film

f1lm

stereo-installatie

573r30 5y573m

sleutel

k3y

krant

n3w5p4p3r

schilderij

p41n71n6

poster

p0573r

radio

r4d10

notitieboekje

n073b00k

stofzuiger

v4cuum cl34n3r

cactus

c4c7u5

kaars

c4ndl3

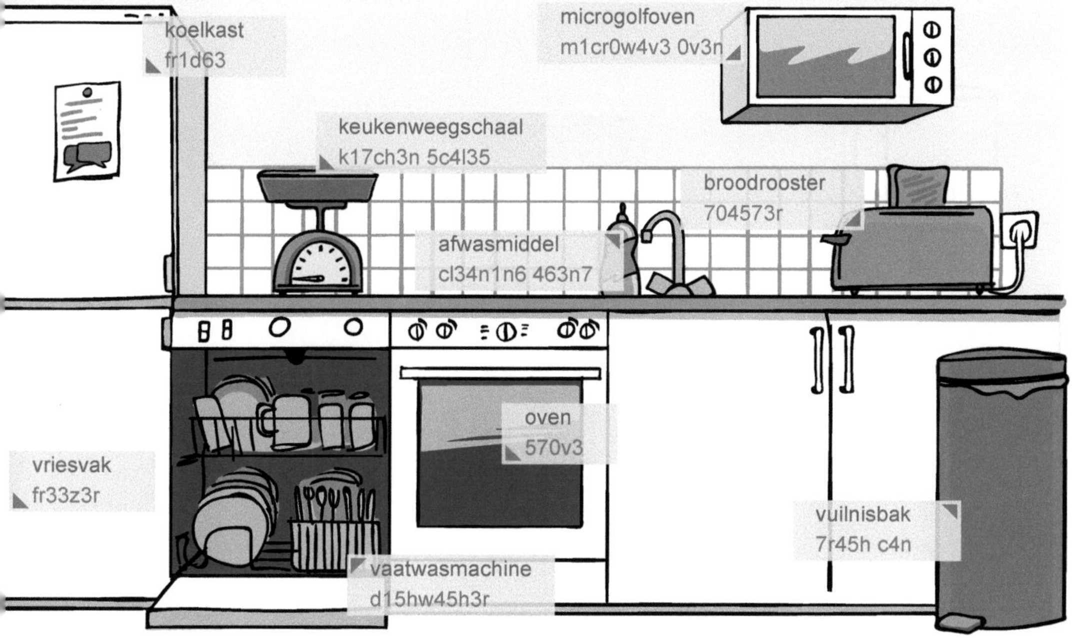

koelkast
fr1d63

microgolfoven
m1cr0w4v3 0v3n

keukenweegschaal
k17ch3n 5c4l35

broodrooster
704573r

afwasmiddel
cl34n1n6 463n7

oven
570v3

vriesvak
fr33z3r

vuilnisbak
7r45h c4n

vaatwasmachine
d15hw45h3r

fornuis

c00k3r

pot

p07

gietijzeren pot

c457-1r0n p07

wok / kadai

w0k / k4d41

pan

p4n

waterkoker

k377l3

stoomkoker
5734m3r

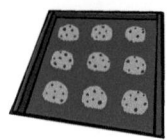
bakplaat
b4k1n6 7r4y

servies
cr0ck3ry

mok
mu6

kom
b0wl

eetstokjes
ch0p571ck5

pollepel
l4dl3

spatel
5p47ul4

garde
wh15k

vergiet
57r41n3r

zeef
513v3

rasp
6r473r

mortier
m0r74r

barbecue
b4rb3cu3

haardvuur
f1r3pl4c3

keuken - k17ch3n

snijplank

ch0pp1n6 b04rd

deegrol

r0ll1n6 p1n

kurkentrekker

c0rk5cr3w

blik

c4n

blikopener

c4n 0p3n3r

pannenlap

0v3n cl07h

gootsteen

51nk

borstel

bru5h

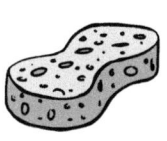

spons

5p0n63

blender

bl3nd3r

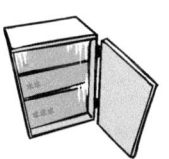

vriezer

d33p fr33z3r

papfles

b4by b077l3

kraan

74p

badkamer
b47hr00m

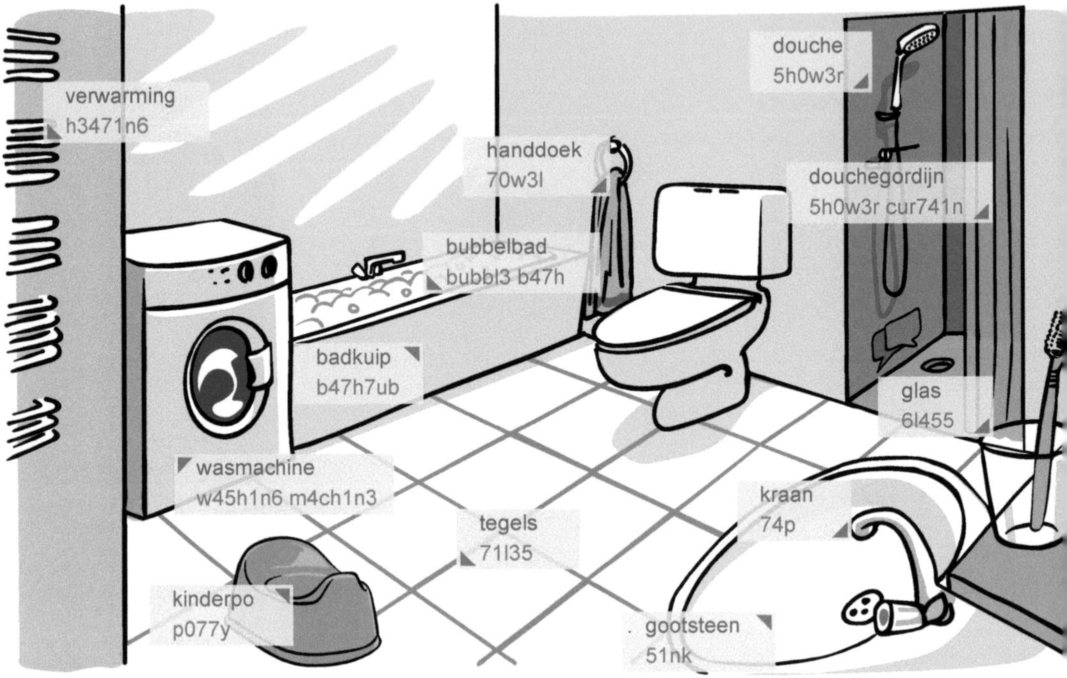
douche
5h0w3r
verwarming
h3471n6
handdoek
70w3l
douchegordijn
5h0w3r cur741n
bubbelbad
bubbl3 b47h
badkuip
b47h7ub
glas
6l455
wasmachine
w45h1n6 m4ch1n3
kraan
74p
tegels
71l35
kinderpo
p077y
gootsteen
51nk

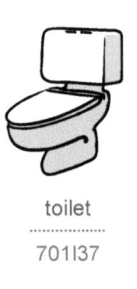

toilet
701l37

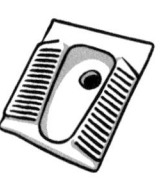

hurktoilet
5qu47 701l37

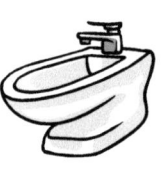

bidet
b1d37

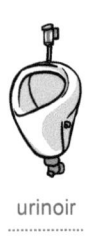

urinoir
ur1n4l

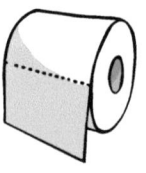

toiletpapier
701l37 p4p3r

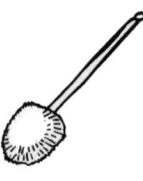

toiletborstel
701l37 bru5h

tandenborstel

7007hbru5h

tandpasta

7007hp4573

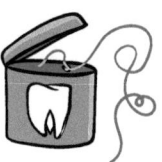

flosdraad

d3n74l fl055

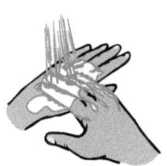

wassen

w45h

handdouche

h4nd 5h0w3r

bidethanddouche

d0uch3

waskom

b451n

rugborstel

b4ck bru5h

zeep

504p

douchegel

5h0w3r 63l

shampoo

5h4mp00

washandje

fl4nn3l

afvoer

dr41n

crème

cr3m3

deodorant

d30d0r4n7

spiegel

m1rr0r

handspiegel

h4nd m1rr0r

scheermes

r4z0r

scheerschuim

5h4v1n6 f04m

aftershave

4f73r5h4v3

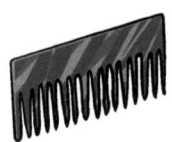

kam

c0mb

borstel

bru5h

haardroger

h41r-dry3r

haarlak

h41r5pr4y

make-up

m4k3up

lippenstift

l1p571ck

nagellak

n41l v4rn15h

watten

c0770n w00l

nagelknipper

n41l 5c1550r5

parfum

p3rfum3

toilettas
w45hb46

kruk
5700l

weegschaal
w316h1n6 5c4l35

badjas
b47hr0b3

latex handschoenen
rubb3r 6l0v35

tampon
74mp0n

maandverband
54n174ry 70w3l

chemisch toilet
ch3m1c4l 701l37

kinderkamer
ch1ld'5 r00m

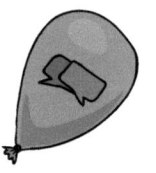

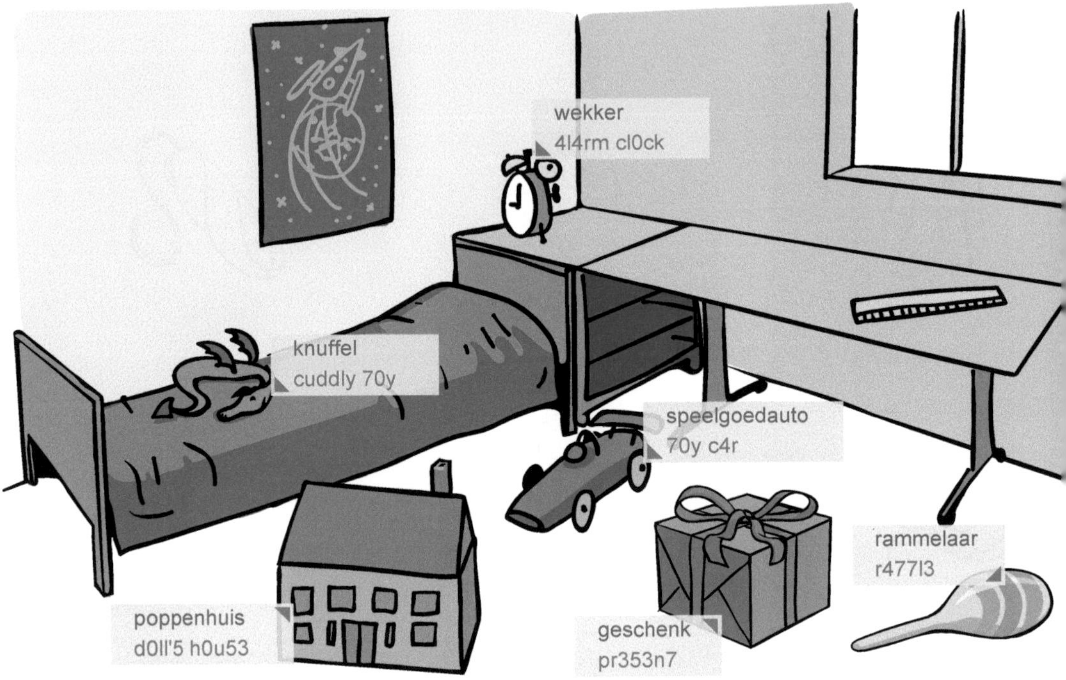

wekker
4l4rm cl0ck
knuffel
cuddly 70y
speelgoedauto
70y c4r
rammelaar
r477l3
poppenhuis
d0ll'5 h0u53
geschenk
pr353n7

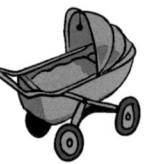

ballon

b4ll00n

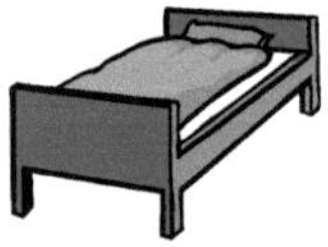

bed

b3d

kinderwagen

57r0ll3r

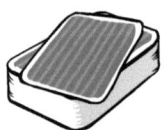

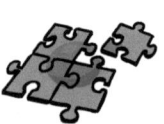

spel kaarten

d3ck 0f c4rd5

puzzel

j1654w

SUPER
MEGA

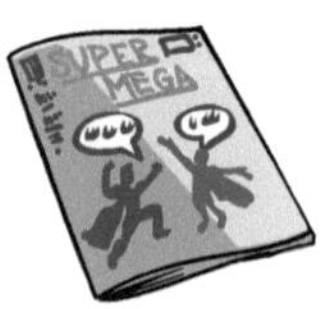

stripboek

c0m1c

legoblokjes

l360 br1ck5

blokken

70y bl0ck5

actiefiguur

4c710n f16ur3

kruippakje

r0mp3r 5u17

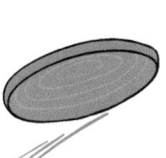

frisbee

fr15b33

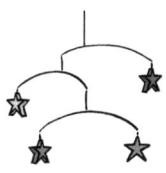

mobiel

m0b1l3

bordspel

b04rd 64m3

dobbelsteen

d1c3

modelspoorweg

m0d3l 7r41n 537

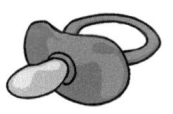

fopspeen

dummy

feest

p4r7y

prentenboek

p1c7ur3 b00k

bal

b4ll

pop

d0ll

spelen

pl4y

zandbak

54ndp17

schommel

5w1n6

speelgoed

70y

spelconsole

v1d30 64m3 c0n50l3

driewieler

7r1cycl3

knuffelbeer

73ddy b34r

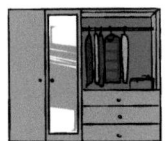

kleerkast

w4rdr0b3

kleding
cl07h1n6

sokken

50ck5

kousen

570ck1n65

maillot

716h75

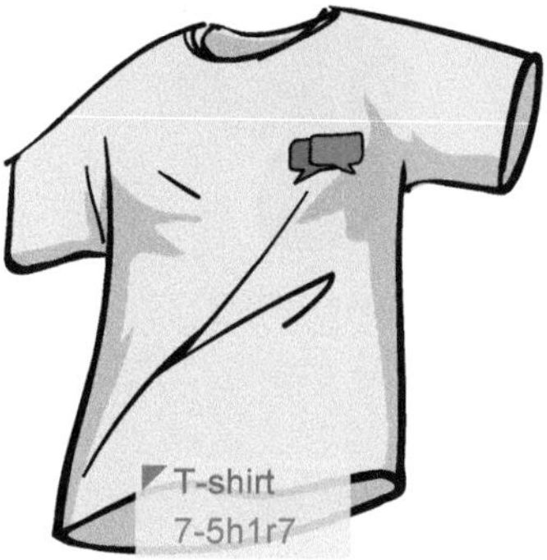

sjaal
5c4rf

riem
b3l7

paraplu
umbr3ll4

T-shirt
7-5h1r7

laarzen
b0075

slippers
5l1pp3r5

sneakers
5n34k3r5

sandalen
54nd4l5

schoenen
5h035

rubberlaarzen
rubb3r b0075

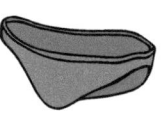

onderbroek
br13f5

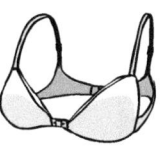

beha
br4

onderhemd
und3r5h1r7

lichaam

b0dy

broek

p4n75

jeans

j34n5

rok

5k1r7

blouse

bl0u53

hemd

5h1r7

trui

pull0v3r

capuchontrui

5w3473r

blazer

bl4z3r

jas

j4ck37

jas

c047

regenjas

r41nc047

kostuum

c057um3

jurk

dr355

trouwjurk

w3dd1n6 dr355

pak
5u17

nachthemd
n16h760wn

pyjama
p4j4m45

sari
54r1

hoofddoek
h34d5c4rf

tulband
7urb4n

boerka
burk4

kaftan
k4f74n

abaya
4b4y4

badpak
5w1m5u17

zwembroek
7runk5

short
5h0r75

trainingspak
7r4ck5u17

schort
4pr0n

handschoenen
6l0v35

knoop

bu770n

bril

6l45535

armband

br4c3l37

ketting

n3ckl4c3

ring

r1n6

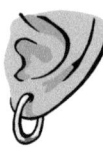

oorbel

34rr1n6

pet

c4p

kapstok

c047 h4n63r

hoed

h47

das

713

rits

z1p

helm

h3lm37

bretellen

br4c35

schooluniform

5ch00l un1f0rm

uniform

un1f0rm

slabbetje
b1b

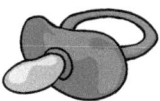

fopspeen
dummy

luier
d14p3r

kantoor
0ff1c3

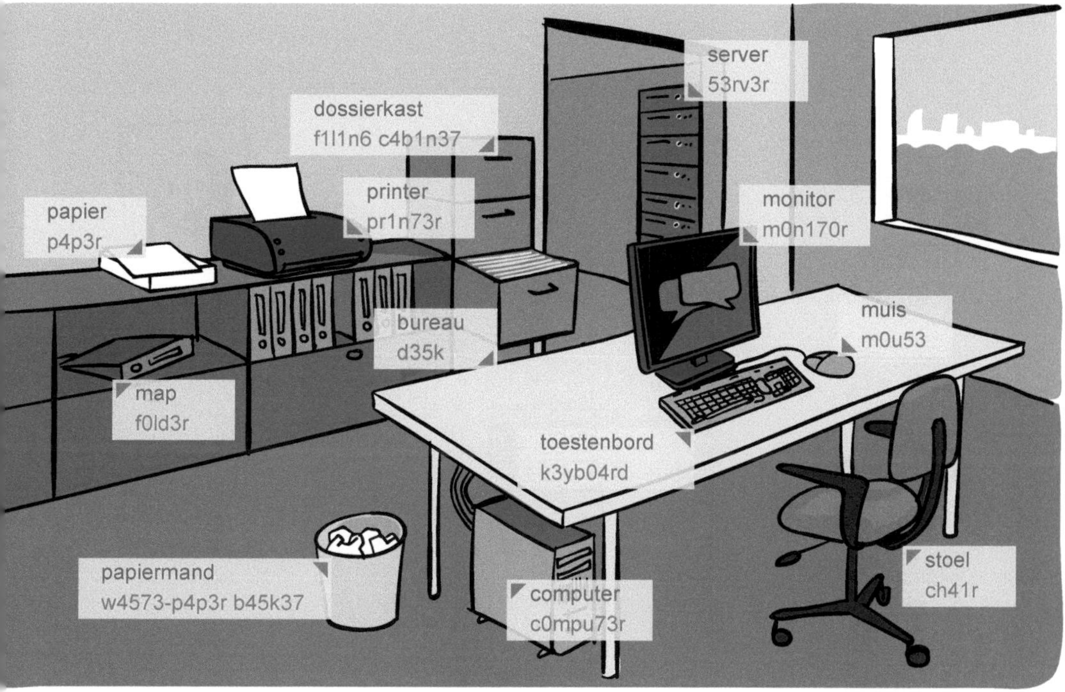

server
53rv3r

dossierkast
f1l1n6 c4b1n37

printer
pr1n73r

papier
p4p3r

monitor
m0n170r

bureau
d35k

muis
m0u53

map
f0ld3r

toestenbord
k3yb04rd

papiermand
w4573-p4p3r b45k37

computer
c0mpu73r

stoel
ch41r

koffiemok
c0ff33 mu6

rekenmachine
c4lcul470r

internet
1n73rn37

laptop

l4p70p

brief

l3773r

bericht

m355463

gsm

c3ll ph0n3

netwerk

n37w0rk

kopieerapparaat

ph070c0p13r

software

50f7w4r3

telefoon

73l3ph0n3

stopcontact

plu6 50ck37

fax

f4x m4ch1n3

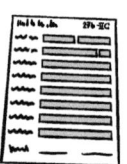

formulier

f0rm

document

d0cum3n7

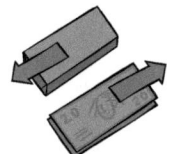

kopen

buy

betalen

p4y

handelen

7r4d3

geld

m0n3y

dollar

d0ll4r

euro

3ur0

yen

y3n

roebel

r0ubl3

Zwitserse frank

5w155 fr4nc

Chinese renminbi

r3nm1nb1 yu4n

roepie

rup33

geldautomaat

c45h p01n7

wisselkantoor

curr3ncy 3xch4n63 0ff1c3

goud

60ld

zilver

51lv3r

olie

01l

energie

3n3r6y

prijs

pr1c3

contract

c0n7r4c7

belasting

74x

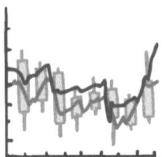

aandeel

570ck

werken

w0rk

werknemer

3mpl0y33

werkgever

3mpl0y3r

fabriek

f4c70ry

winkel

5h0p

beroepen

0ccup4710n5

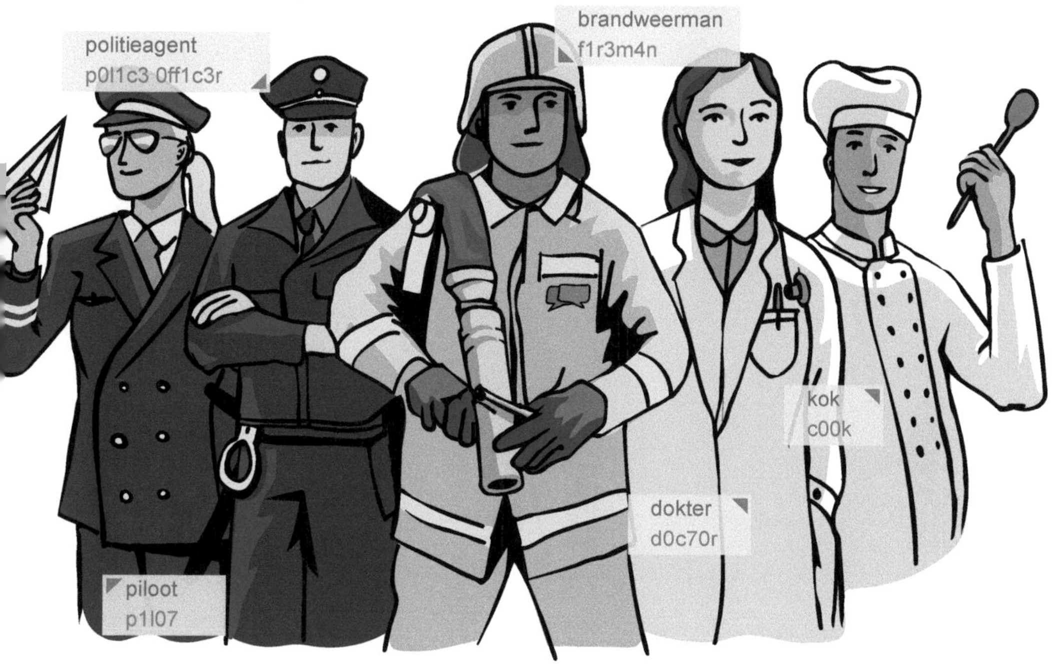
politieagent
p0l1c3 0ff1c3r
brandweerman
f1r3m4n
kok
c00k
dokter
d0c70r
piloot
p1l07

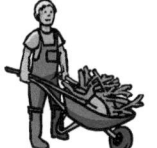

tuinman

64rd3n3r

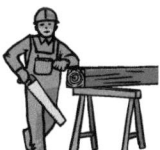

timmerman

c4rp3n73r

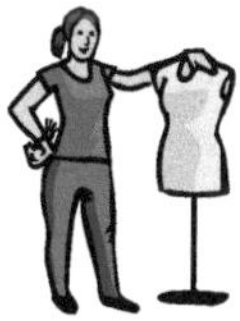

naaister

534m57r355

rechter

jud63

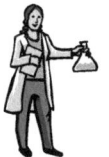

chemicus

ch3m157

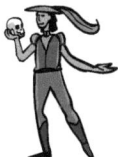

acteur

4c70r

buschauffeur

bu5 dr1v3r

taxichauffeur

74x1 dr1v3r

visser

f15h3rm4n

schoonmaakster

cl34n1n6 l4dy

dakdekker

r00f3r

ober

w4173r

jager

hun73r

schilder

p41n73r

bakker

b4k3r

elektricien

3l3c7r1c14n

bouwvakker

bu1ld3r

ingenieur

3n61n33r

slager

bu7ch3r

loodgieter

plumb3r

postbode

p057m4n

soldaat

50ld13r

architect

4rch173c7

kassier

c45h13r

bloemist

fl0r157

kapper

h41rdr3553r

conducteur

c0nduc70r

mecanicien

m3ch4n1c

kapitein

c4p741n

tandarts

d3n7157

wetenschapper

5c13n7157

rabbijn

r4bb1

imam

1m4m

monnik

m0nk

geestelijke

p4570r

werktuigen
700l5

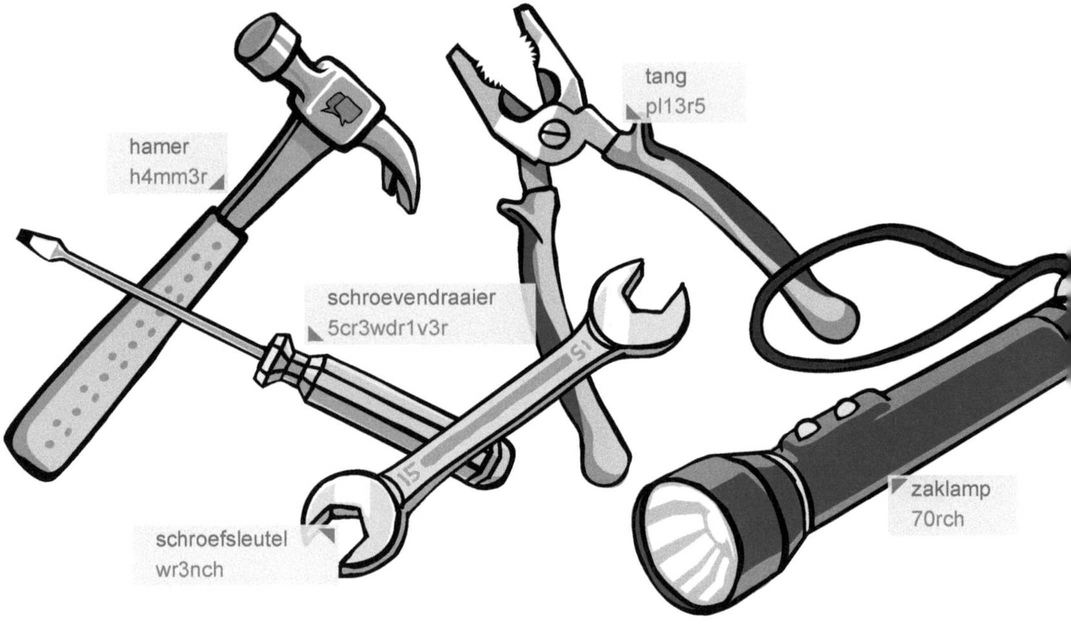
hamer
h4mm3r
tang
pl13r5
schroevendraaier
5cr3wdr1v3r
zaklamp
70rch
schroefsleutel
wr3nch

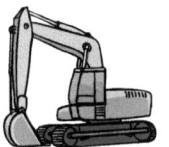

graafmachine

3xc4v470r

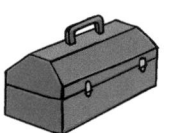

gereedschapskoffer

700lb0x

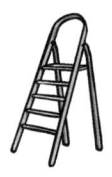

ladder

l4dd3r

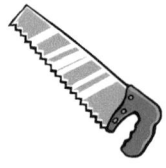

zaag

54w

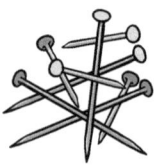

spijkers

n41l5

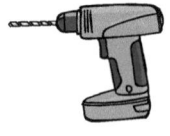

boormachine

dr1ll

repareren

r3p41r

schop

5h0v3l

Verdomme!

d4mn!

blik

du57p4n

verfpot

p41n7 c4n

schroeven

5cr3w5

muziekinstrumenten
mu51c4l 1n57rum3n75

drumstel
drum 537

luidspreker
l0ud 5p34k3r

gitaar
6u174r

contrabas
d0ubl3 b455

trompet
7rump37

piano

p14n0

viool

v10l1n

basgitaar

b455

pauk

71mp4n1

trommels

drum5

keyboard

k3yb04rd

saxofoon

54x0ph0n3

fluit

flu73

microfoon

m1cr0ph0n3

zoo

z00

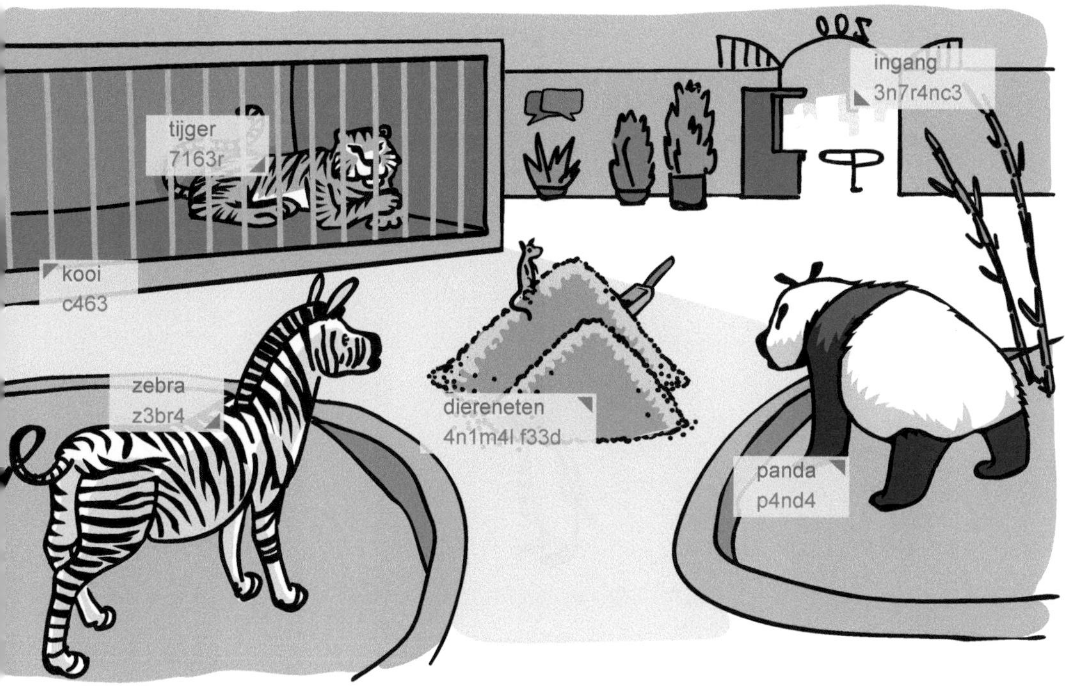
ingang
3n7r4nc3
tijger
7163r
kooi
c463
zebra
z3br4
diereneten
4n1m4l f33d
panda
p4nd4

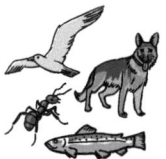

dieren
4n1m4l5

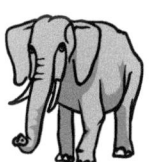

olifant
3l3ph4n7

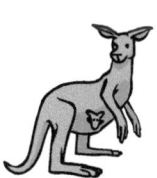

kangoeroe
k4n64r00

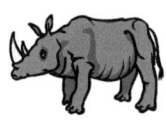

neushoorn
rh1n0

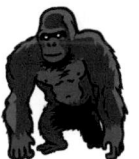

gorilla
60r1ll4

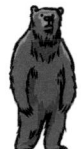

beer
b34r

kameel

c4m3l

struisvogel

057r1ch

leeuw

l10n

aap

m0nk3y

flamingo

fl4m1n60

papegaai

p4rr07

ijsbeer

p0l4r b34r

pinguïn

p3n6u1n

haai

5h4rk

pauw

p34c0ck

slang

5n4k3

krokodil

cr0c0d1l3

dierenverzorger

z00k33p3r

zeehond

534l

jaguar

j46u4r

pony
page0ny

luipaard
l30p4rd

nijlpaard
h1pp0

giraffe
61r4ff3

adelaar
346l3

wild zwijn
b04r

vis
f15h

zeeschildpad
7ur7l3

walrus
w4lru5

vos
f0x

gazelle
64z3ll3

rugby
4m3r1c4n f007b4ll

wielrennen
cycl1n6

tennis
73nn15

basketbal
b45k37b4ll

zwemmen
5w1mm1n6

boksen
b0x1n6

ijshockey
1c3 h0ck3y

voetbal
50cc3r

badminton
b4dm1n70n

atletiek
47hl371c5

handbal
h4ndb4ll

skiën
5k11n6

polo
p0l0

springen
jump

lachen
l4u6h

knuffelen
hu6

wandelen
w4lk

zingen
51n6

dromen
dr34m

bidden
pr4y

kussen
k155

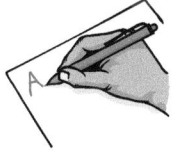

schrijven

wr173

tekenen

dr4w

tonen

5h0w

duwen

pu5h

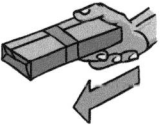

geven

61v3

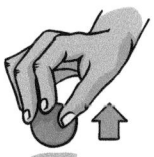

nemen

74k3

hebben

h4v3

doen

d0

zijn

b3

staan

574nd

lopen

run

trekken

pull

gooien

7hr0w

vallen

f4ll

liggen

l13

wachten

w417

dragen

c4rry

zitten

517

aankleden

637 dr3553d

slapen

5l33p

ontwaken

w4k3 up

kijken naar

l00k 47

wenen

cry

aaien

57r0k3

kammen

c0mb

praten

74lk

begrijpen

und3r574nd

vragen

45k

luisteren

l1573n

drinken

dr1nk

eten

347

opruimen

71dy up

houden van

l0v3

koken

c00k

rijden

dr1v3

vliegen

fly

zeilen

5411

rekenen

c4lcul473

Lezen

r34d

leren

l34rn

werken

w0rk

trouwen

m4rry

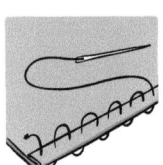

naaien

53w

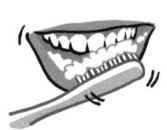

tandenpoetsen

bru5h 7337h

doden

k1ll

roken

5m0k3

sturen

53nd

grootmoeder
6r4ndm07h3r

grootvader
6r4ndf47h3r

vader
f47h3r

moeder
m07h3r

baby
b4by

dochter
d4u6h73r

zoon
50n

gast

6u357

tante

4un7

oom

uncl3

broer

br07h3r

zus

51573r

lichaam

b0dy

voorhoofd
f0r3h34d
oog
3y3
schouder
5h0uld3r
vinger
f1n63r
gezicht
f4c3
kin
ch1n
hand
h4nd
been
l36
borst
br3457
arm
4rm

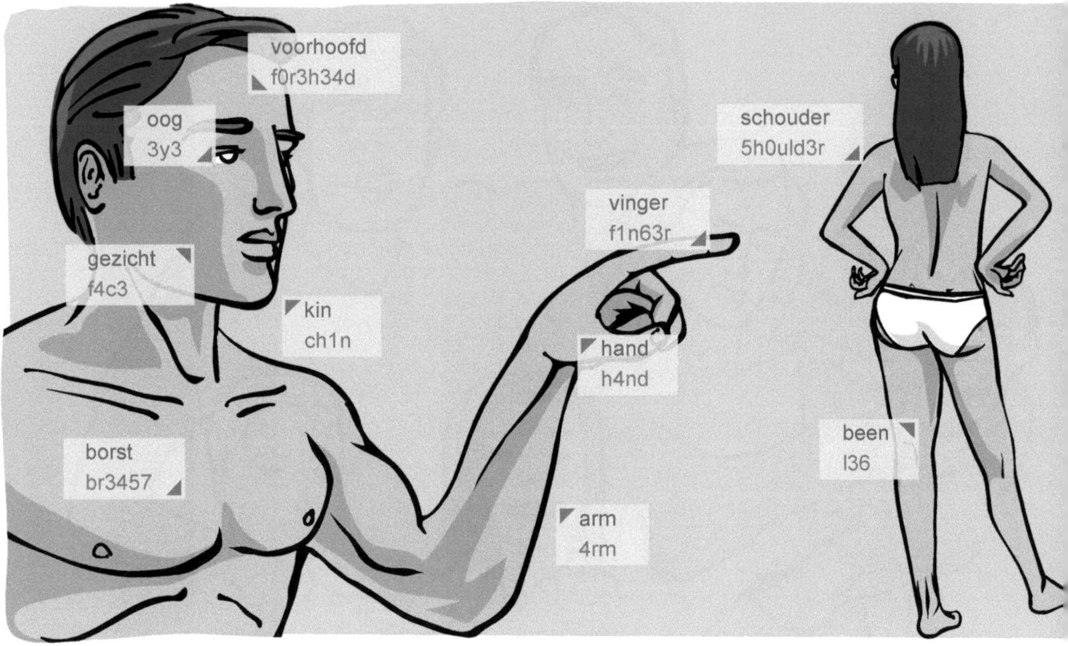

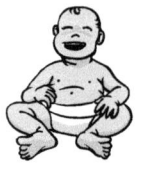

baby

b4by

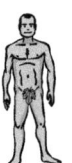

man

m4n

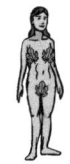

vrouw

w0m4n

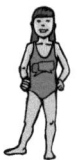

meisje

61rl

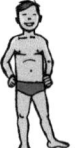

jongen

b0y

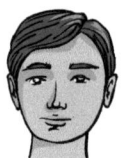

hoofd

h34d

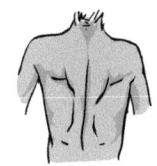

rug
b4ck

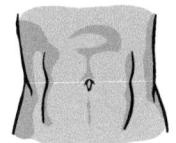

buik
b3lly

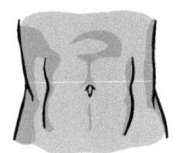

navel
n4v3l

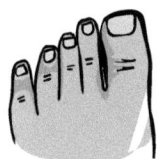

teen
703

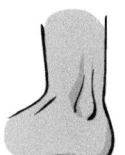

hiel
h33l

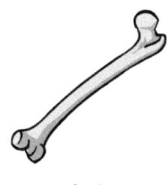

bot
b0n3

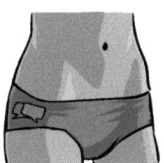

heup
h1p

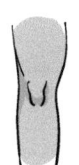

knie
kn33

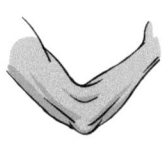

elleboog
3lb0w

neus
n053

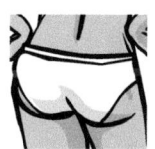

zitvlak
bu770ck5

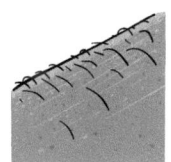

huid
5k1n

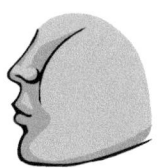

wang
ch33k

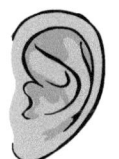

oor
34r

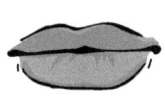

lip
l1p

mond

m0u7h

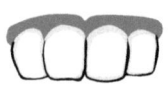

tand

7007h

tong

70n6u3

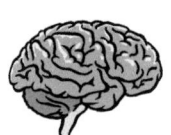

hersenen

br41n

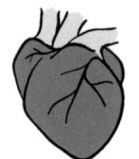

hart

h34r7

spier

mu5cl3

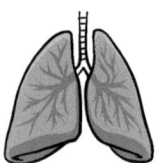

long

lun6

lever

l1v3r

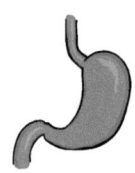

maag

570m4ch

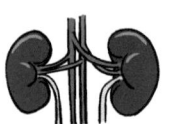

nieren

k1dn3y5

seks

53x

condoom

c0nd0m

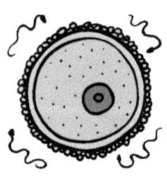

eicel

0vum

sperma

53m3n

zwangerschap

pr36n4ncy

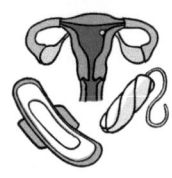

menstruatie

m3n57ru4710n

vagina

v461n4

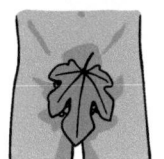

penis

p3n15

wenkbrauw

3y3br0w

haar

h41r

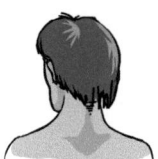

nek

n3ck

ziekenhuis
h05p174l

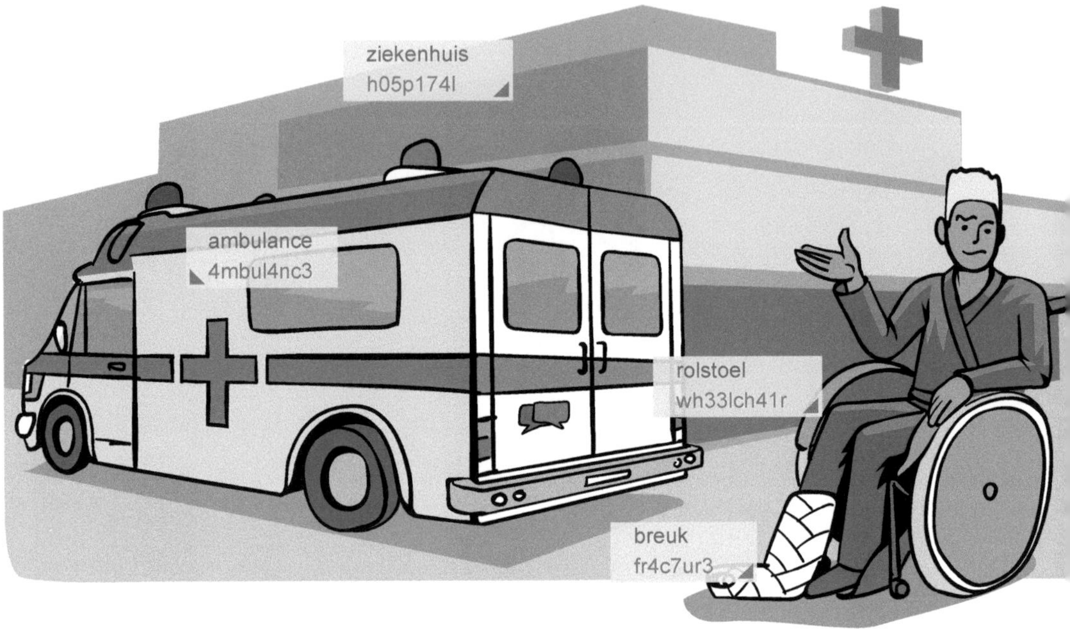

ziekenhuis
h05p174l
ambulance
4mbul4nc3
rolstoel
wh33lch41r
breuk
fr4c7ur3

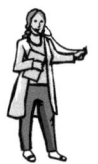

dokter

d0c70r

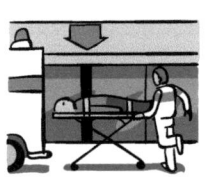

spoed

3m3r63ncy r00m

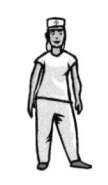

verpleegkundige

nur53

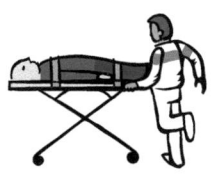

noodgeval

3m3r63ncy

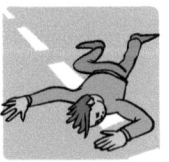

bewusteloos

unc0n5c10u5

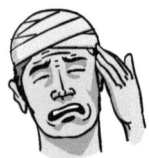

pijn

p41n

verwonding

1njury

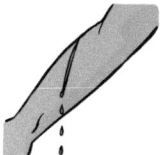

bloeding

bl33d1n6

hartaanval

h34r7 4774ck

beroerte

57r0k3

allergie

4ll3r6y

hoest

c0u6h

koorts

f3v3r

griep

flu

diarree

d14rrh34

hoofdpijn

h34d4ch3

kanker

c4nc3r

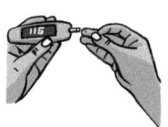

diabetes

d14b3735

chirurg

5ur630n

scalpel

5c4lp3l

operatie

0p3r4710n

CT

c7

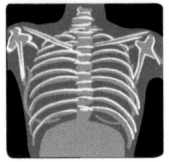

röntgenstraal

x-r4y

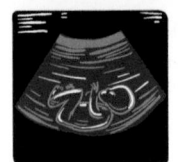

ultrageluid

ul7r450und

gezichtsmasker

f4c3 m45k

ziekte

d153453

wachtkamer

w4171n6 r00m

kruk

cru7ch

pleister

pl4573r

verband

b4nd463

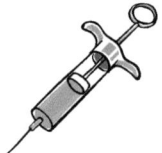

injectie

1nj3c710n

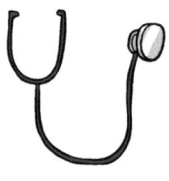

stethoscoop

5737h05c0p3

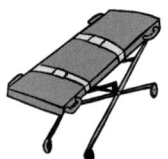

brancard

57r37ch3r

thermometer

cl1n1c4l 7h3rm0m373r

geboorte

b1r7h

overgewicht

0v3rw316h7

hoorapparaat

h34r1n6 41d

ontsmettingsmiddel

d151nf3c74n7

infectie

1nf3c710n

virus

v1ru5

HIV / AIDS

h1v / 41d5

medicijn

m3d1c1n3

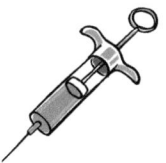

vaccinatie

v4cc1n4710n

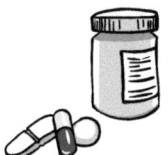

tabletten

74bl375

pil

p1ll

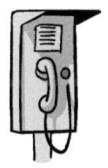

noodoproep

3m3r63ncy c4ll

bloeddrukmeter

bl00d pr355ur3 m0n170r

ziek / gezond

1ll / h34l7hy

Help!

h3lp!

alarm

4l4rm

overval

4554ul7

aanval

4774ck

gevaar

d4n63r

nooduitgang

3m3r63ncy 3x17

Brand!

f1r3!

brandblusser

f1r3 3x71n6u15h3r

ongeval

4cc1d3n7

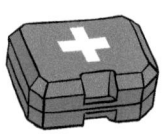

EHBO-kit

f1r57-41d k17

SOS

505

politie

p0l1c3

Europa

3ur0p3

Noord-Amerika

n0r7h 4m3r1c4

Zuid-Amerika

50u7h 4m3r1c4

Afrika

4fr1c4

Azië

4514

Australië

4u57r4l14

Atlantische Oceaan

47l4n71c

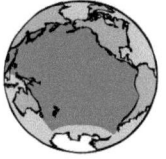

Stille Oceaan

p4c1f1c

Indische Oceaan

1nd14n 0c34n

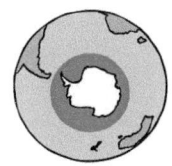

Antarctische Oceaan

4n74rc71c 0c34n

Arctische Oceaan

4rc71c 0c34n

Noordpool

n0r7h p0l3

Zuidpool

50u7h p0l3

Antarctica

4n74rc71c4

aarde

34r7h

land

l4nd

zee

534

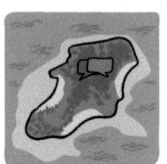

eiland

15l4nd

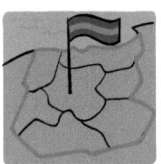

natie

n4710n

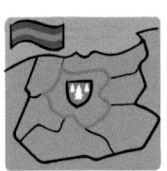

staat

57473

wijzerplaat

cl0ck f4c3

uurwijzer

h0ur h4nd

minuutwijzer

m1nu73 h4nd

secondewijzer

53c0nd h4nd

Hoe laat is het?

wh47 71m3 15 17?

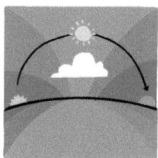

dag

d4y

tijd

71m3

nu

n0w

digitale horloge

d16174l w47ch

minuut

m1nu73

uur

h0ur

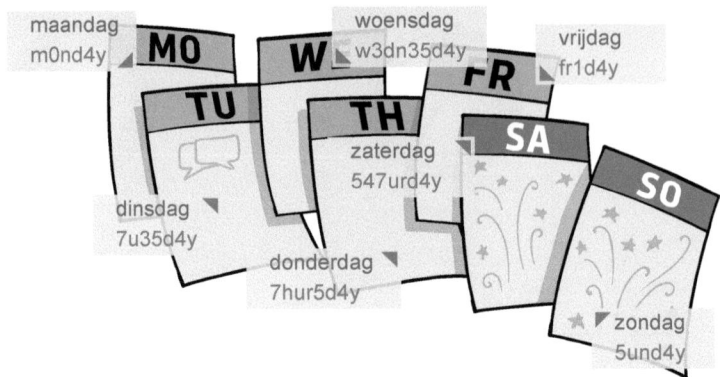

maandag
m0nd4y

woensdag
w3dn35d4y

vrijdag
fr1d4y

dinsdag
7u35d4y

donderdag
7hur5d4y

zaterdag
547urd4y

zondag
5und4y

gisteren
y3573rd4y

vandaag
70d4y

morgen
70m0rr0w

ochtend
m0rn1n6

middag
n00n

avond
3v3n1n6

MO	TU	WE	TH	FR	SA	SU
1	2	3	4	5	6	7
8	9	10	11	12	13	14
15	16	17	18	19	20	21
22	23	24	25	26	27	28
29	30	31	1	2	3	4

werkdagen
w0rkd4y5

MO	TU	WE	TH	FR	SA	SU
1	2	3	4	5	6	7
8	9	10	11	12	13	14
15	16	17	18	19	20	21
22	23	24	25	26	27	28
29	30	31	1	2	3	4

weekend
w33k3nd

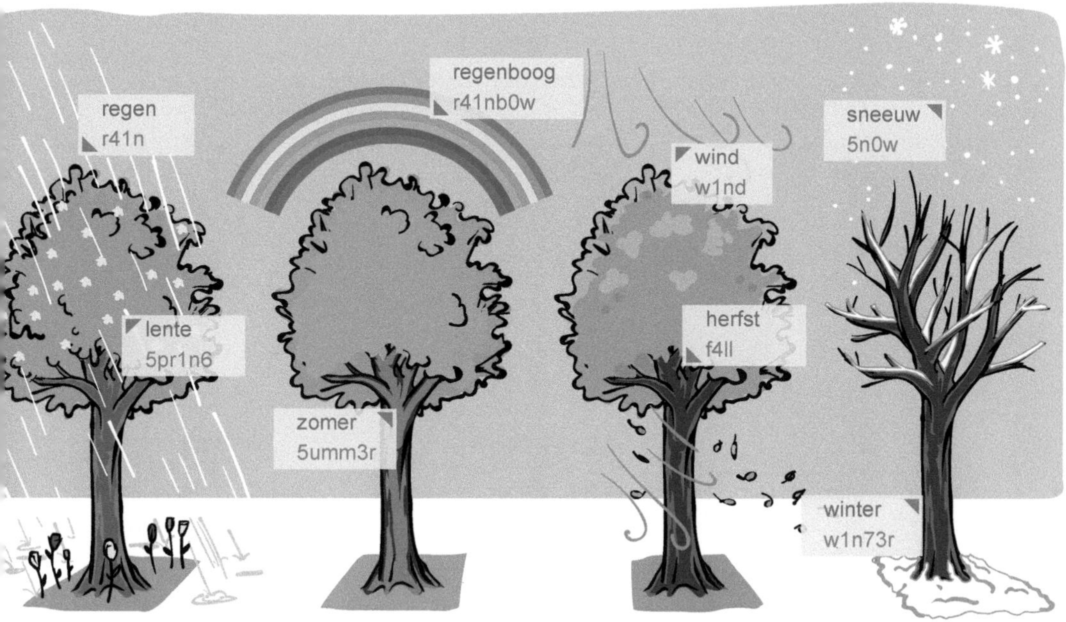

regen
r41n
regenboog
r41nb0w
wind
w1nd
sneeuw
5n0w
lente
5pr1n6
herfst
f4ll
zomer
5umm3r
winter
w1n73r

4.APRIL 11°
5.APRIL 4°
6.APRIL 13°
7.APRIL 8°
8.APRIL 10°

weervoorspelling

w347h3r f0r3c457

F C
120 40
90 30
60 20
30 10
0 0
-30 -10
-20

thermometer

7h3rm0m373r

zonneschijn

5un5h1n3

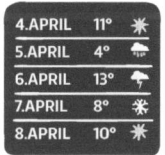

wolk

cl0ud

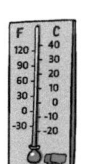

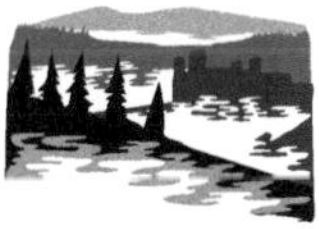

mist

f06

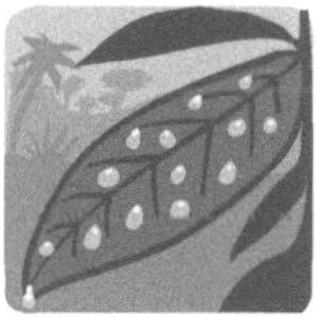

vochtigheid

hum1d17y

bliksem

l16h7n1n6

donder

7hund3r

storm

570rm

hagel

h41l

moesson

m0n500n

overstroming

fl00d

ijs

1c3

januari

j4nu4ry

februari

f3bru4ry

maart

m4rch

april

4pr1l

mei

m4y

juni

jun3

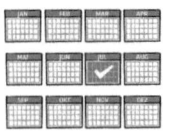

juli

july

augustus

4u6u57

september
....
53p73mb3r

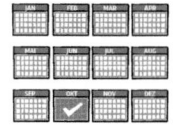

oktober
....
0c70b3r

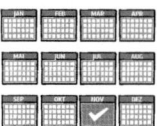

november
....
n0v3mb3r

december
....
d3c3mb3r

vormen

5h4p35

cirkel
....
c1rcl3

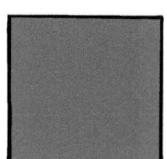

kwadraat
....
5qu4r3

rechthoek
....
r3c74n6l3

driehoek
....
7r14n6l3

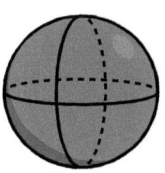

bol
....
5ph3r3

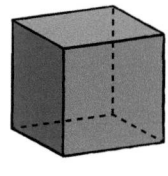

kubus
....
cub3

wit

wh173

geel

y3ll0w

oranje

0r4n63

roze

p1nk

rood

r3d

paars

purpl3

blauw

blu3

groen

6r33n

bruin

br0wn

grijs

6r4y

zwart

bl4ck

veel / weinig

4 l07 / 4 l177l3

boos / kalm

4n6ry / c4lm

mooi / lelijk

b34u71ful / u6ly

begin / einde

b361nn1n6 / 3nd

groot / klein

b16 / 5m4ll

licht / donker

br16h7 / d4rk

broer / zus

br07h3r / 51573r

proper / vuil

cl34n / d1r7y

volledig / onvolledig

c0mpl373 / 1nc0mpl373

dag / nacht

d4y / n16h7

dood / levend

d34d / 4l1v3

breed / smal

w1d3 / n4rr0w

eetbaar / oneetbaar

3d1bl3 / 1n3d1bl3

kwaadaardig / vriendelijk

3v1l / k1nd

opgewonden / verveeld

3xc173d / b0r3d

dik / dun

f47 / 7h1n

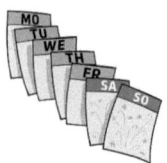

eerst / laatst

f1r57 / l457

vriend / vijand

fr13nd / 3n3my

vol / leeg

full / 3mp7y

hard / zacht

h4rd / 50f7

zwaar / licht

h34vy / l16h7

honger / dorst

hun63r / 7h1r57

ziek / gezond

1ll / h34l7hy

illegaal / legaal

1ll364l / l364l

intelligent / dom

1n73ll163n7 / 57up1d

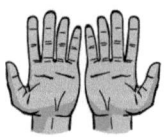

links / rechts

l3f7 / r16h7

dichtbij / veraf

n34r / f4r

nieuw / gebruikt

n3w / u53d

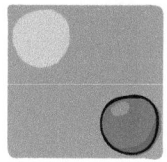

niets / iets

n07h1n6 / 50m37h1n6

oud / jong

0ld / y0un6

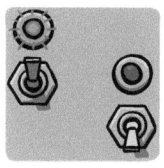

aan / uit

0n / 0ff

open / dicht

0p3n / cl053d

stil / luid

qu137 / l0ud

rijk / arm

r1ch / p00r

juist / fout

r16h7 / wr0n6

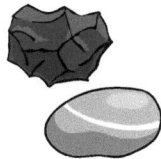

ruw / glad

r0u6h / 5m007h

droevig / blij

54d / h4ppy

kort / lang

5h0r7 / l0n6

traag / snel

5l0w / f457

nat / droog

w37 / dry

warm / koud

w4rm / c00l

oorlog / vrede

w4r / p34c3

0	**1**	**2**
nul	één	twee
z3r0	0n3	7w0

3	**4**	**5**
drie	vier	vijf
7hr33	f0ur	f1v3

6	**7**	**8**
zes	zeven	acht
51x	53v3n	316h7

9	**10**	**11**
negen	tien	elf
n1n3	73n	3l3v3n

12

twaalf

7w3lv3

13

dertien

7h1r733n

14

veertien

f0ur733n

15

vijftien

f1f733n

16

zestien

51x733n

17

zeventien

53v3n733n

18

achtien

316h733n

19

negentien

n1n3733n

20

twintig

7w3n7y

100

honderd

hundr3d

1.000

duizend

7h0u54nd

1.000.000

miljoen

m1ll10n

Engels

3n6l15h

Amerikaans Engels

4m3r1c4n 3n6l15h

Chinees (Mandarijn)

ch1n353 m4nd4r1n

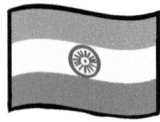

Hindi

h1nd1

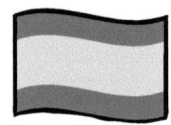

Spaans

5p4n15h

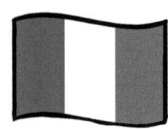

Frans

fr3nch

Arabisch

4r4b1c

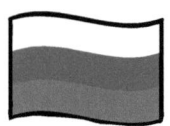

Russisch

ru5514n

Portugees

p0r7u6u353

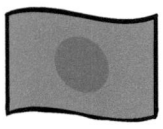

Bengali

b3n64l1

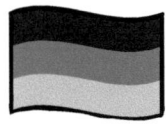

Duits

63rm4n

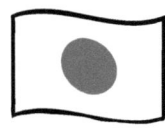

Japans

j4p4n353

ik

1

u

y0u

hij / zij / het

h3 / 5h3 / 17

wij

w3

u

y0u

ze

7h3y

wie?

wh0?

wat?

wh47?

hoe?

h0w?

waar?

wh3r3?

wanneer?

wh3n?

naam

n4m3

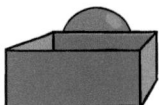

achter

b3h1nd

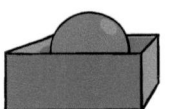

in

1n

voor

1n fr0n7 0f

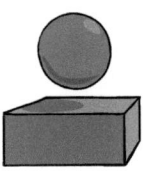

boven

0v3r

op

0n

onder

und3r

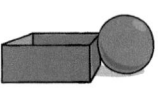

naast

b351d3

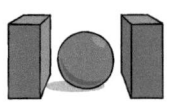

tussen

b37w33n

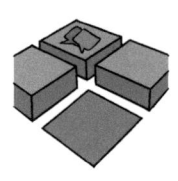

plaats

pl4c3